자기주도적
학습전략
시 리 즈

5

학생용 워크북

공부의 달인이 되는
읽기 전략

전도근 저

학지사

머리말

교과 내용만 완벽하게 외우면 시험을 잘 치를 수 있다는 생각으로 그것에만 집중적으로 시간을 투자하는 것이 일반적인 공부 방법이다.

그러나 학습에서 중요한 것은 기초 학습 능력으로 기초 학습 능력이 높으면 교과 내용을 쉽게 이해하여 학년이 올라가더라도 학습에 어려움이 없지만 기초 학습 능력이 부족하면 학년이 올라가면서 점차 복잡해지는 내용을 이해하고 응용하는 데 어려움을 겪는다. 실제 고학년의 경우 기초 학습 능력의 부재로 수업 자체를 포기하는 학생들을 많이 볼 수 있다. 이들은 수업 시간에 집중하지 못하고 교실을 겉돌다 지식을 쌓는 업(業)에 대해서는 아무 소득 없이 돌아가곤 한다. 그렇다면 이들은 왜 수업에 집중하지 못하는 것일까? 집중력이 부족해서? 아니면 수업보다 더 흥미롭고 유익한 것을 하고 있어서? 무엇보다 이들이 수업 시간에 집중하지 못하는 근본적인 이유는 읽기와 듣기 능력의 부재 때문이다.

기초 학습 능력에는 크게 읽기, 쓰기, 말하기, 듣기가 있다. 특히 이 중에서 학습 시간에 집중력을 발휘할 수 있게 하는 것은 읽기 능력과 듣기 능력이다. 거의 모든 지식과 경험이 눈과 귀로 전달되기 때문에 읽기와 듣기는 어떤 공부를 하든지 기본이 된다. 무엇보다 대부분의 학습 자료가 글로 되어 있기 때문에 읽기는 학습에서 그 중요도가 가장 크다.

읽기는 눈으로 듣기는 귀로 여러 가지 정보를 받아들이는 것이다. 그러나 많은 사람들이 읽고 듣는 것을 단순히 정보를 받아들이는 활동으로 보고 수동적 · 소극적 학습 능력으로 여긴다. 이 때문에 학습을 하는 데 이 두 영역을 적극적으로 계발하지 않는다.

무엇을 읽는다는 것은 그저 글자를 따라 눈을 굴려 글에 담긴 내용을 그대로 받아들이는 행위가 아니다. 글에는 어떤 생각이 대표되어 표현되기까지 다른 여러 가지 생각과 상황들이 복잡하게 얽혀 있다. 따라서 글을 읽는다는 것은 문장 속에 담긴 복잡하고 미묘한 생각을 밝혀내는 것으로서, 잘못 읽으면 많은 오해와 갈등이 야기된다. 모두들 한 번쯤은 상대방의 말을 잘못 이해하여 오해를 했던 경험이 있을 것이다. 우리는 일상생활에서 너무나 자주 상대방을 오해하고 또 오해를 받기도 한다. 이러한 오해들은 대부분 읽고 듣는 능력의 부족에서 야기된 것으로, 이에 따라 의도에서 빗나간 전혀 엉뚱한 결과가 초래되기도 한다.

이 책은 학습 능력의 기초가 되며 일상생활의 기본 소양이 되는 읽기 능력을 높이기 위해 전략적 차원의 요령을 제시해 주는 길잡이 역할을 할 것이다. 또한 단순히 문자를 읽는 것이 아닌 작가의 의도와 생각을 파악해 문제를 해결하는 능력을 기를 수 있는 활동을 통하여 원리와 그것을 적용하는 방법까지 알려 주고자 한다.

이 책은 학생들의 읽기 능력을 단계별로 향상시킬 수 있도록 내용을 구성한 것으로서, 읽기 능력의 부족으로 공부가 뜻대로 되지 않아 힘들어하는 학생들이 자신의 가능성을 믿고 좀 더 멋진 삶을 살 수 있길 바라는 마음에서 집필하였다. 부디 이 책을 통해 모든 학생들이 공부를 잘하는 세상이 되기를 바란다.

2010년

저자

차 례

제4장 원리를 알면 읽기가 쉬워진다

제5장 성적 향상에 도움이 되는 읽기 전략

제1장

읽기란 무엇인가

읽기 전략 검사

이 검사의 목적은 여러분이 책을 얼마나 집중해서 읽고, 중심 내용을 얼마나 잘 파악하고 있는지를 알아보려는 것입니다. 질문에 답을 하면서 공부에 도움이 되는 책 읽기 방법을 생각해 볼 수 있을 것입니다. 솔직하게 대답하면서 '예'와 '아니요'로 체크해 주세요.

	나의 읽기 전략은 어느 정도일까요?	예	아니요
1	제목을 보면 제목과 관련해 알고 있는 것을 연상한다.		
2	책을 읽으면서 내용과 관련해 알고 있는 지식을 떠올린다.		
3	책을 읽으면서 내용과 관련된 경험을 연상한다.		
4	책을 읽으면서 적절한 상황에 연관시켜 본다.		
5	책을 읽으면서 전체 내용과 연관시켜 읽는다.		
6	모르는 단어를 보면 정확한 뜻을 찾아본다.		
7	내용의 난이도나 중요도에 따라 읽는 속도를 달리한다.		
8	책을 눈으로만 읽는 것이 아니라 기억하려고 노력한다.		
9	내용과 관련해 궁금한 것에 대해 스스로 질문하고 답을 해 본다.		
10	그래도 모르는 내용에 대해서는 밑줄을 그어 놓고 찾아본다.		
	'예'에 답한 총 개수 (　　　　) 개		

제 2 장

발달 단계별 읽기 전략 지도

1 초등학교 입학 전

전 독서기라고도 하며 글을 읽기 이전 단계로서 주로 음성 언어를 사용하는 시기다. 읽기에 필요한 기초적인 심리적 · 생리적 요인이 발달하는 시기로서 외부 자극이 다양하게 주어질수록 좋다. 영유아일 때는 부모가 들려주는 전래동화나 그림책과 컴퓨터, 라디오 및 텔레비전과 같은 매체에서 보고 듣는 것이 언어 발달에 영향을 미친다. 글을 읽을 수 있는 아이에게는 전래동화나 그림책을 스스로 읽게 하고, 다양한 매체를 접촉할 수 있는 기회를 주면 줄수록 언어 능력이 발달한다.

2 초등학교 1, 2학년

독서 입문기(초등학교 1학년)와 초보 독서기(초등학교 2학년)로 나누기도 하는데, 문자를 읽고 이해하며, 읽는 것이 중요하고 글자는 소리와 일정한 관계를 맺고 있다는 사실을 알게 되면서 읽기 능력이 형성되는 시기다. 말을 바르게 인지하게 되고, 간단한 문장을 읽을 수 있으며 친근하지 않은 단어의 의미와 발음에 대한 초보적인 기술을 익혀간다. 혼자서도 읽는 것에 흥미를 갖게 되는 시기로 음성 언어에서 문자 언어로 나아가면서 글로도 의사소통을 할 수 있다는 것을 깨닫는다. 또한 기초적인 기능이나 습관이 완성되어 주의를 집중하여 책을 읽을 수 있고 바르게 이해하면서 어느 정도 빠른 속도로 읽어 나가게 된다.

이 시기에는 수동적으로 듣는 형태보다 함께 참여하는 읽기가 필요하다. 또한 글자 읽기의 학습도 중요한 시기로서 시범적으로 읽어 주기, 손으로 문장 짚어가면서 읽기, 쉬어가면서 읽기, 글의 중간중간 가리고 읽기 등 재미있게 글자 읽기 활동을 하면 읽기 능력 중 판단력이나 추리력을 기를 수 있다.

3 초등학교 3, 4학년

기초 기능기라고 하며 해독(단어나 문구를 읽어 이해하거나 해석함)에서 독해(글을 읽어서 뜻을 이해함)로 나아가는 시기다. 이해력이나 속도가 증가하고 독서 기술이 발달하여 긴 문장을 의미 단위로 끊어 읽게 된다. 학습 독서가 시작되는 시기이며 묵독이 중심이 되는 의미 중심의 글 읽기를 시작한다. 이 시기에는 글을 읽고 나서 의미를 찾거나, 중심 글을 찾거나, 주제를 말하는 연습을 하면 읽기 능력이 향상된다.

4 초등학교 5, 6학년

기초 독해기라고 하며 글을 읽고 기초적인 사고를 할 수 있는 시기로 초급의 사고 기능을 익히는 단계다. 이 시기에는 글을 읽고 그 글의 내용 평가와 감상 및 속독과 정독이 가능하다. 이 시기에는 글을 읽고 글에서 표현하는 사실과 자신의 의견을 구분하고, 읽은 정보를 요약하고, 생략된 정보를 추론하고, 이어질 내용을 미리 예측해 보고, 글에서 비유한 표현의 의미를 이해하고, 표현의 적절성을 판단하는 등 기초 독해 기능을 기를 수 있다.

5 중학교 1, 2학년

고급 독해기라고 하며 고급의 사고 기능을 발휘하는 시기로서 작가의 의도나 목적을 파악하면서 글 읽기를 하며, 내용의 통일성을 생각하며 읽거나 글의 구조를 파악할 수 있다. 또한 글의 내용이 일관성을 갖고 있는지 평가할 수 있으며, 다음에 어떤 내용이 나올 것인지 추론할 수 있고, 내용의 신뢰성과 타당성을 판단할 수 있다. 나아가 글을 읽으면서 작가의 생각을 알 수 있는 시기로, 작가의 태도 상상하기나 글을 쓰게 된 동기 말하기 등을 지도하면 비판적 시각을 가지면서 글을 읽을 수 있게 된다. 이 시기는 읽기 능력이 완숙에 이르는 단계로, 읽기를 많이 한 학생일수록 생각이 깊어지게 된다.

6 중학교 3학년 이후

독서 전략기라고 하며 자신이 관심 있는 분야의 책과 읽기 자료 선택이 가능한 시기로 읽기 능력이 한층 더 발달한다. 이 시기에 학생은 자신의 읽기 상황을 점검하고 조절하면서, 목적을 가지고 전략적으로 글을 읽어 나가야 한다. 읽기가 독자와 글쓴이가 글이라는 매개체를 통해 의사소통하고 서로 의미를 타협하고 중재하는 과정임을 깨닫는다.

제3장

읽기 능력이 부족한 학생을 위한 읽기 전략 지도

활동 1 읽고 나서 느낀 점과 편지 쓰기

다음 글을 읽고 느낀 점을 적어 보고, 엘리셔 그레이와 그레이엄 벨에게 편지를 써 보세요.

전화의 발명

지금처럼 전화를 편리하게 사용할 수 있는 이유는 그레이엄 벨과 엘리셔 그레이 같은 사람이 있었기 때문이다. 1876년 2월 14일 벨은 조수인 왓슨과 함께 사람 목소리를 전할 수 있는 기계를 발명하는 데 성공하였다. 그런데 벨과 거의 비슷한 시기에 전화기를 발명한 또 다른 천재 과학자가 있었다. 이제는 그 이름조차 기억되지 않는 엘리셔 그레이가 바로 그 사람이다. 그레이도 1876년 2월 14일 오후, 자신이 개발한 전화기를 등록하기 위해 특허국을 방문했지만 바로 그날 오전에 이미 그레이엄 벨이 전화 특허를 신청한 것이다. 불과 1~2시간 차이였다. 하지만 그레이는 전화의 실용적 가능성에 대해서 그리 심각하게 생각하지 않았고, 발명 특허권 보호 신청을 낸 뒤 한가하게도 자신의 재정적 후원자와 곧 있을 박람회 문제를 협의하기 위해 필라델피아로 떠났다. 그레이는 벨이 사용한 가죽 막보다 더 효율적이었던 금속 진동막을 이용해서 음성을 전달했기 때문에 기능면에서는 그레이의 특허품이 벨의 것보다 우수했다. 그러나 불과 몇 시간 차이로 그레이가 아닌 벨이 전화기 특허를 받게 된 것이다. 엘리셔 그레이는 벨보다 더 많은 노력과 시간을 들여 더 좋은 제품을 발명했지만 결국 시간에서 졌기 때문에 최고가 되지 못했으며, 이제는 역사 속에서 누구도 그를 알아 주지 않는다.

1 글을 읽고 느낀 생각

답 ____________________

2 엘리셔 그레이에게 보내는 편지

답 ____________________

3 그레이엄 벨에게 보내는 편지

답 ____________________

활동 2 그림을 보고 이야기 꾸며 보기

다음 그림을 보고 이야기를 꾸며 보세요.

답

활동 3 책 제목으로 끝말 이어 가기

다음 책의 제목을 보고 끝말을 이어 3개씩 적어 보세요.

책 제목	이어질 단어의 예
떴다 방구차	
잘못 뽑은 반장	
뇌는 정말 신기해	
위기 탈출 넘버원	
인체에서 살아남기	
손도끼를 든 아이	
어흥 호랑이가 달린다	
꺼벙이 억수	
책귀신 세종대왕	
마법 천자문	

활동 4 책 속에 나오는 낱말로 짧은 글짓기

다음 글을 읽고 물음에 답해 보세요.

코이

일본인들이 많이 기르는 관상어 중에 '코이(KOI)'라는 잉어가 있다. 이 잉어를 작은 어항에 넣어 두면 5~8cm밖에 자라지 않지만, 아주 커다란 수족관이나 연못에 넣어 두면 15~25cm까지 자라고 강물에 방류하면 90~120cm까지 자란다고 한다.

놀랄 만큼 성장이 가능한 코이가 어항 속에서 조무래기가 되는 이유는 어떤 환경이든 쉽게 적응해 버리기 때문이다. 익숙해진다는 것은 이렇게 무서운 것이다. 코이는 자기가 숨 쉬고 활동하는 세계의 크기에 따라 조무래기가 되기도, 혹은 대어가 되기도 하는 것이다.

1 책 속에 나온 낱말로 짧은 글짓기

답 ______________________________

____

____

2 이 글을 통해 얻을 수 있는 교훈은?

답 ______________________________

____

____

3 이 글을 읽고 생각나는 것을 그려 보자.

활동 5 자신이 주인공 되어 보기

다음 글을 읽고 자신이 도요토미 히데요시라면 어떻게 했을지 적어 보세요.

도요토미 히데요시

우리에게는 임진왜란의 주범으로 기억되고, 일본인 사이에서는 오다 노부나가의 뒤를 이어 천하통일을 이룩한 영웅으로 받들어지는 인물이 바로 도요토미 히데요시다. 도요토미 히데요시는 원래 천민 출신으로 당시 최고 권력자였던 오다 노부나가의 신발을 가져다주는 천한 계급이었다. 보통 사람들은 자신이 천한 신분으로 태어나 남의 신발이나 가져다주는 노예라면 매일 불만을 토로하고 자신의 처지를 원망하였을 것이다. 그러나 도요토미 히데요시는 자신의 처지를 원망하기보다는 운명을 바꿀 기회를 만들기 위해서 노력하였다.

그는 천민이지만 남에게 인정받으면 신분을 바꿀 수 있는 기회가 생길 것이라고 생각하였다. 그는 오다 노부나가의 마음에 들 수 있는 방법을 고심하다가 추운 겨울날 오다 노부나가의 발이 시리지 않게 신발을 가슴에 품어 따뜻하게 데워 주기로 하였다. 오다 노부나가는 추운 겨울 어느 날, 신발을 신다가 신발이 항상 따뜻한 것을 이상하게 여겼다. 조사해 본 결과 도요토미 히데요시가 신발을 따뜻하게 데운 것을 알고는 그를 신임하기 시작하였다. 이를 기회로 도요토미 히데요시는 노부나가의 무사가 되었고 후에 장군으로 성장하였다.

도요토미 히데요시는 비천한 신분이었지만 최고의 권력자였던 노부나가를 감동시키는 기회를 스스로 만들었기 때문에 일본을 통일하는 영웅적인 인물로 역사 속에 남을 수 있었다.

1 자신이 도요토미 히데요시처럼 천민 신분으로 태어난다면?

답 ______________________________

____

⇨ 이유는?

답 ______________________________

____

2 자신이 도요토미 히데요시라면 신발을 어떻게 할 것인가?

답 ______________________________

____

⇨ 이유는?

답 ______________________________

____

3 자신이 도요토미 히데요시라면 일본을 통일할 수 있을까?

답 ______________________________

____

⇨ 이유는?

답 ______________________________

____

활동 6 다른 결말 상상해 보기

다음 글을 읽고 결말이 바뀌면 어떻게 되었을지를 상상해서 적어 보세요.

알렉산더 대왕

알렉산더 대왕은 마케도니아의 왕으로 지중해를 떠나 그리스 · 페르시아 · 인도에 이르는 대제국을 건설한 정복왕으로 유명하다. 그의 정복은 그리스 문화와 오리엔트 문화를 융합시켜 새로운 헬레니즘 문화를 이룩하였다.

알렉산더 대왕은 오랫동안 정복 전쟁을 한 것으로 유명한데, 한 전투에서 군대를 이끌고 열 배나 많은 적과 싸우게 되었다. 부하들은 수적으로 열세였기 때문에 두려움에 떨었다. 알렉산더 대왕은 이러한 상태에서 전쟁을 하게 된다면 분명히 패배할 것이라고 생각하였다. 그렇다고 정복을 멈출 수는 없었기 때문에 그에게는 행운이 필요했다. 곰곰이 생각한 끝에 그는 행운을 만들기로 하였다.

알렉산더 대왕은 싸움터로 가던 도중 작은 사원에 들러 승리를 기원하는 기도를 올렸다. 기도를 마치고 나오자 장수들과 병사들이 기대에 찬 눈빛으로 그를 쳐다보았다. 대왕은 손에 동전 하나를 들고 말했다.

"내가 기도를 마치자 신께서는 내게 영험을 주셨다. 동전을 공중에 던져서 앞면이 나오면 우리가 승리할 것이고, 뒷면이 나오면 우리는 패배할 것이라고 하였다."

알렉산더 대왕은 비장한 표정으로 동전을 하늘 높이 던졌다. 모두들 숨을 죽이고 동전을 주시하였다. 군사들이 떨어진 동전을 보니 앞면이 위로 올라와 있었다.

"앞면이다! 우리가 이긴다!"

기쁨의 함성이 천지를 뒤흔들었고 병사들의 사기는 금방 최고로 올라갔다. 그래서 그들은 열 배나 되는 수의 적을 격파할 수 있었다.

전쟁에서의 승리를 축하하는 자리에서 한 장교가 말했다.

"신의 계시가 맞습니다. 저희가 열 배나 되는 적을 이겼으니 말입니다."

그러자 알렉산더 대왕이 말했다.

"사실 그 동전은 양쪽 다 앞면이었다네!"

또 한 번은 알렉산더 대왕의 정복 전쟁이 13년 동안 진행될 때였다. 오랫동안 집을 떠난 군인들은 집으로 돌아가고 싶은 마음에 전쟁터에서 열심히 싸울 생각을 하지 않아 진격할 수 없었다. 적들은 알렉산더 대왕의 군인들이 전투력을 상실한 것으로 생각하여 역습을 해왔다. 군사들은 전투력을 상실한 상태에서 적이 공격한다는 소식에 공포감에 빠져 도망갈 생각만 하였다.

알렉산더 대왕은 다시 한 번 행운을 만들었다. 그는 또 하늘을 향해 기도를 하고 병사들에게 말했다.

"병사들이여, 신께서 우리에게 엄청난 힘을 주는 약을 선물하셨다. 마늘을 한 개씩만 먹으면 우리는 당연히 승리한다고 하셨다."

병사들은 지금까지 알렉산더 대왕의 기도 결과 수많은 행운이 있었다는 것을 알았기에 당연히 힘이 세질 것이라고 생각하고 마늘을 한 쪽씩 먹었다. 그러고는 힘이 세지는 것을 느끼고 적의 공격을 막아냈을 뿐만 아니라 대승을 거두었다.

"신의 계시가 맞습니다. 오합지졸 같던 우리가 신이 내린 마늘을 먹은 후 대승을 거두었습니다."

그러자 알렉산더 대왕은 말했다.

"사실은 그냥 마늘일세!"

1 만약에 일반 동전을 사용해서 동전의 뒷면이 나왔다면?

답 ______________________________

____

⇨ 이유는?

답 ______________________________

____

2 알렉산더 대왕은 어떤 사람이었을까?

답 ______________________________

____

⇨ 이유는?

답 ______________________________

____

3 알렉산더 대왕이 전쟁에서 졌다면 어떻게 되었을까?

답 ______________________________

____

____

____

제4장

원리를 알면 읽기가 쉬워진다

활동 7 이야기 읽기

다음 글을 읽고 물음에 답해 보세요.

그리스 신화에 나오는 조각가 피그말리온의 이름에서 유래한 것으로, 조각가였던 피그말리온은 아름다운 여인상을 조각하고, 그 여인상을 진심으로 사랑하게 되자 여신(女神) 아프로디테는 그의 사랑에 감동하여 여인상에게 생명을 주었다. 그래서 현대에서는 사람을 칭찬하면 안 되는 일이 없다는 예로 피그말리온 신화를 들고 있다. 조각상도 사랑을 주면 사람이 되듯이 사람을 칭찬하면 무엇이든 될 수 있다는 의미를 주고 있다.

1 이 글이 나에게 주는 감동은 무엇인가?

답 ______________________________

____

2 내가 이 글에서 배워야 할 것은 무엇인가?

답 ______________________________

____

3 이 글을 읽고 난 후 생각한 것은 무엇인가?

답 ______________________________

____

활동 8 시 읽기

다음 시를 읽고 물음에 답해 보세요.

바람이 분다.
행복한 바람이 분다.
아침에는 기쁜 바람이 나의 눈을 뜨게 하고
점심에는 즐거운 바람이 나를 들뜨게 하고
저녁에는 아름다운 노을이 바람처럼 내게 왔다.
나는 오늘 하루 행복한 바람에 기분이 좋아졌다.

1 주제는 무엇인가?

답 ______________________________

____

2 소재는 무엇인가?

답 ______________________________

____

3 작품이 의미하는 것은 무엇인가?

답 ______________________________

____

활동 9 동화 읽기

다음 동화를 보고 물음에 답해 보세요.

조선 태종 때 이영실이라는 사내아이가 관기의 몸에서 태어났어요.

이영실에게는 물건을 잘 만드는 손재주가 있었어요.

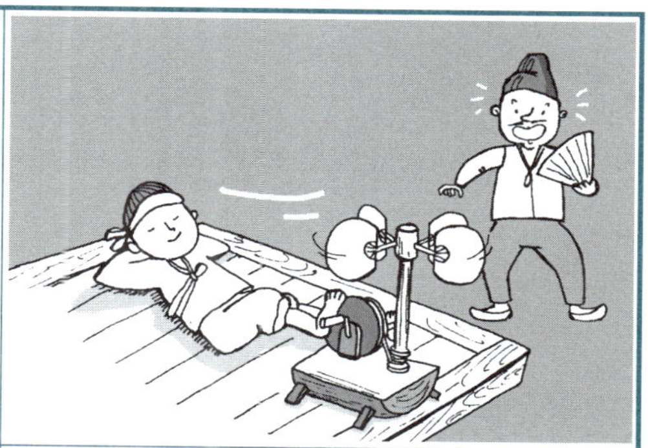

어떤 물건이든지 그 이치를 따져 똑같이 만들어 낼 수 있었어요. 때로는 더 좋은 물건을 만들어 내기도 했어요.

이영실은 새로운 생각이 떠올라도 자기 신분을 생각하여 금방 포기했어요.

결국 이영실은 자신의 숨은 재주를 발휘해 보지도 못하고 종으로 살다가 숨을 거두었어요.

1 이영실은 어떤 사람인가?

답 ______________________________

____

____

2 여러분이 알고 있는 장영실과는 어떤 차이가 있는가?

답 ______________________________

____

____

3 생각의 차이로 이영실은 결국 어떤 삶을 살았는가?

답 ______________________________

____

____

4 이영실이 천한 신분을 한탄하지 않고 자신의 재주를 발휘했으면 어떤 사람이 되었을까?

답 ______________________________

____

____

5 동화를 보고 느낀 점을 적어 보자.

답 ______________________________

____

____

활동 10 위인전 읽기

다음 글을 읽고 물음에 답해 보세요.

이순신 장군의 삶은 도전의 연속이었다.

이순신 장군은 어릴 때부터 남다른 체격에 영특한 지혜가 있었으며, 당시 선비들도 당해 내지 못할 정도로 탁월한 문장 능력과 수려한 필체를 가졌다. 주변 사람들은 이순신의 능력을 알고 문관으로 벼슬길에 오르길 바라고 권했지만 이순신은 무관이 되겠다며 무술 공부에 열중하였다.

6년간 무술 공부를 하였지만 계속 과거에 낙방하고 결국 4년 뒤에 다시 도전하여 31세에 드디어 무과시험에 합격하였다. 다른 사람 같으면 자신이 잘할 수 있는 분야를 선택하여 편하게 살았겠지만 이순신은 새로운 분야에 도전을 결심하고 10년의 세월을 보내어 늦은 나이에 꿈을 이룬 것이다.

이순신은 관직생활도 순탄하지 않았다. 첫 부임지는 지형이 너무 험해 새들도 드나들지 않는다는 함경도 삼수 땅이었는데 그곳의 권관(소대장)으로 부임하게 되었다. 그의 성실함으로 봉사(종 8품)의 지위에 오르게 되었지만 강직한 성격 때문에 계속 상급자와 마찰을 빚어 원하지 않는 전출과 하급관리 생활을 전전하였고, 모함과 강등이 계속되었다. 그렇지만 이순신은 현실과 타협하지 않고 자신이 목표했던 올바른 관리가 되겠다는 마음으로 일관하였다. 결국 수많은 어려움을 겪으면서도 타협하지 않고 1591년 41세에 마침내 전라 좌수사로 임명되었다.

이순신은 책임자가 되면서 상사와의 마찰은 줄었고, 자신이 할 수 있는 역량이 많아짐에 따라 전쟁 준비에 몰두할 수 있었다. 결국 임진왜란이 일어나고 이순신 장군의 눈부신 활약에 힘입어 남해안의 제해권을 완전히 장악하여 이순신 장군에 대한 관심이 증가하였다.

이순신 장군은 제1차 출전 이래 총 네 차례에 걸쳐 17회의 크고 작은 해전에서 격침시키거나 사로잡은 배가 207척이었고, 수리가 불가능할 정도로 대파한 적선은 152척이었다. 또한 왜병 33,780명을 전사시켰다. 이에 비해 조선 해군은 단 한 척의 배도 손실되지 않았고, 인명 손실은 전상, 전사자를 모두 합하여 243명에 그쳤다.

인류의 역사가 시작된 이래 세계의 어떤 전쟁에서도 특히 해전에서 이런 기록이 없었다. 이순신은 전사할 때까지 23번의 크고 작은 해전에서 단 한 번도 패배한 적이 없었다.

1 어렸을 때의 이순신은 어떠했는가?

답 ____________________

2 이순신은 어떤 역경을 겪었는가?

답 ____________________

3 어떻게 해서 성공하는 계기를 만들게 되었는가?

답 ____________________

4 이순신이 오늘날까지 존경받고 있는 이유는 무엇인가?

답

5 이 글을 통해 무엇을 배워야 하는가?

답

6 이순신이 살았을 당시와 오늘날을 비교했을 때 본받을 점은 무엇인가?

답

활동 11 역사책 읽기

다음 글을 읽고 물음에 답해 보세요.

이순신 역시 난중에 모든 일을 자신의 일기에 거의 하루도 빼놓지 않고 기록으로 남겨 두었다. 이순신에게는 위장병 등 지병이 있었으며 매일 매일 나라 걱정과 백성에 대한 근심으로 제대로 잠을 이루지 못하였는데 〈난중일기〉에도 그런 이순신의 모습이 나타나 있다. 이렇게 이순신은 육체뿐만 아니라 마음까지 피곤하고 힘들었지만 〈난중일기〉가 그의 위로가 되지 않았나 생각해 본다. 전라 좌수사라는 직위는 때로는 어느 누구에게도 말하지 못할 고민과 어려움이 있었을 것이고 아픔이 있었을 것이다. 이러한 고민과 어려움을 그는 매일 밤 붓을 들어서 써 내려 가기 시작했다. 하루는 왜적과의 전투를 쓰기도 하고 하루는 전쟁의 준비를 쓰기도 하고 하루는 가족의 안부를 적기도 했다. 결국 이순신의 일기는 이순신 스스로에게 힘을 주고 자신의 마음을 위로하고 있었다. 일기를 쓰지 않았다면 마음에 있던 고통과 역경을 이겨내지 못했을지도 모른다.

매일 전투하면서, 매일 백성을 보살피면서 이순신은 일기를 써 내려 갔다. 이미 그의 안중에는 당파도 없었고 나약한 왕도 없었다. 구국의 다짐을 매일 밤 일기를 쓰면서 했을 것이며 조선의 미래를 일기를 쓰면서 만들고 있었다. 〈난중일기〉는 단순한 사건의 기록이 아니다. 〈난중일기〉는 이순신을 이순신답게 만드는 이순신만의 방책이었다. 이러한 일기를 통해 이순신은 내일을 준비하고 나라의 앞날을 걱정하고 있었다. 〈난중일기〉는 무려 2,539일간의 기록이고 삶이고 위로였다. 그는 밤마다 일기를 통해 힘을 얻어 조선을 지켜 나가고 있었다.

1 역사적으로 가치가 있는 일이었는가?

답 ______________________________

____

2 왜 〈난중일기〉를 썼을까?

답 ________________

____

3 〈난중일기〉는 누가 언제 쓴 것인가?

답 ________________

____

4 내가 새롭게 안 사실은 무엇인가?

답 ________________

____

5 원인은 무엇이고 결과는 무엇인가?

답 ________________

____

6 만약에 원인이 없었다면 어떻게 되었을까?

답 ________________

____

7 만약에 인물이나 사건이 없었다면 어떻게 되었을까?

답 ________________

____

활동 12 과학책 읽기

다음 글을 읽고 물음에 답해 보세요.

근대 과학의 아버지라 불렸으며 물리학자 · 천문학자 · 수학자이자 근대 이론과학의 선구자인 뉴턴은 1642년 영국에서 태어났다. 아버지는 그의 출생 전에 사망하였고, 어머니는 그가 3세 때 재혼하는 등 불운한 소년 시절을 보냈다. 하지만 그는 어릴 때부터 손재주가 있어 풍차, 물시계 등을 만들었고, 1661년 케임브리지대학교에 입학하여 수학, 물리학, 천문학, 광학에 관심을 갖고 연구에 몰두하여 그 실력을 인정받아 26세라는 젊은 나이에 교수가 되었다.

1665년쯤 영국에는 전염병이 퍼져 사람들은 안전한 마을을 찾아 이사를 했다. 뉴턴도 어머니가 사는 작은 마을로 이사를 했다. 어느 날 집 뜰에 앉아 깊은 생각에 잠겨 있던 뉴턴은 사과나무에서 사과가 떨어지는 것을 보았다. 그는 왜 사과는 똑바로 아래로 떨어질까 하고 생각에 잠겼다. 왜 위나 옆으로는 가지 않고, 아래로만 떨어지는지 궁금했다. 마침내 그는 사과가 아래로 떨어지는 것은 지면에서 어떤 힘이 그것을 잡아당기기 때문이라고 생각했다.

뉴턴이 사과가 떨어지는 것을 보고 만유인력의 법칙을 발견했다는 이 이야기는 널리 알려져 있다. 뉴턴의 발견은 우연히 이루어진 것이 아니다. 뉴턴은 그냥 지나칠 수 있는 사소한 일에 대해서도 항상 왜 그럴까를 고민하면서 그 이유를 찾기 위해 오랜 시간 사고했기 때문이다.

1 새로 밝혀진 사실은 무엇인가?

답 ______________________________

____

② 사실이 역사 발전에 기여한 정도는?

답 ______________________________

____

____

③ 사실을 더욱 발전시키기 위해서는?

답 ______________________________

____

____

제5장

성적 향상에 도움이 되는 읽기 전략

활동 13 제목을 가지고 내용 상상하기

다음 제목을 보고 생각나는 것을 적어 보세요.

제목	내가 생각하는 내용
물새알 산새알 (5－1, 국어)	
내가 채송화꽃처럼 조그마했을 때 (5－1, 국어)	
엄마의 쪽지 편지 (5－1, 국어)	
제주도의 역사 (5－1, 국어)	
톰 소여의 모험	
지구여 안녕	
아낌없이 주는 나무	
쌍동밤	
화요일의 두꺼비	
우리들의 일그러진 영웅	

활동 14 제목과 관련된 것 떠올리기

다음 글의 제목을 보고 무엇이든 떠올려 본 다음, 글을 다 읽고 난 후에 알게 된 것과 비교해 보세요.

작은 마녀와 군밤 장수

겨울이 되었습니다. 마녀의 집 주위에도 눈보라가 몰아치며 창문이 덜컹거렸습니다. 하지만 작은 마녀는 아무렇지도 않았습니다. 발에 두툼한 털신을 신고 도자기 난로 앞에 긴 의자를 놓고 앉아 등을 지지면서 하루하루를 보내면 되었으니까요.

차츰 시간이 흐르자 작은 마녀는 게으름을 피우는 데 싫증이 나기 시작했습니다. 지루함을 견디지 못한 작은 마녀는 치마를 일곱 벌 겹쳐 입고 털실로 된 머릿수건을 두르고 겨울장화, 겨울장갑을 끼고 빗자루를 타고 굴뚝을 빠져 나왔습니다.

빗자루를 타고 이웃 마을로 날아간 작은 마녀는 마을의 광장으로 갔습니다. 그곳에는 평범한 외투를 걸치고 얼굴에 주름이 쪼글쪼글한 키가 작은 할아버지가 무쇠로 된 화덕을 놓고 서 있었습니다. 화덕은 할아버지가 가끔씩 뱉어 내는 재채기에서 침이 튀어 치익치익 소리를 내곤 했습니다.

"이게 뭐 하는 거예요?"

마녀가 물었습니다.

"보면 모르겠수? 밤을…… 에에취…… 구워 판다우."

"밤? 그게 뭐죠?"

"군밤도 모르시오?"

군밤 장수 할아버지가 되물으며 화덕의 뚜껑을 열었습니다.

"한번 먹어 봤으면 소원이 없겠는데 가진 돈이 한푼도 없어요."

"그러면 이번만은 특별히 공짜로 몇 개 잡수시오. 어디 날씨가 이렇게 추워서야…… 뭔가 뜨끈한 게 들어가야지. 엣취, 참말로 춥소."

할아버지는 손가락으로 코를 횡 풀고는 군밤을 한 주먹 집어 작은 마녀에게 건네주면서 말했습니다.

"자, 받아요. 그런데 껍질을 까고 먹어야 해요."

"고맙습니다."

작은 마녀는 군밤의 맛을 보았습니다.

"냠냠, 아주 맛있군요! 정말로 할아버지가 부럽네요. 일도 어렵지 않고 또 따뜻한 화덕 앞에 있으니까 춥지도 않고요."

"그런 소리 말아요! 이런 추위에 하루 종일 서 있드면 그래도 얼어붙는다오. 이런 무쇠 화덕도 별 소용이 없지. 뜨거운 밤을 꺼내다가 손가락이나 데기 딱 알맞지. 에에취! 내 두 발은 꽁꽁 얼었고 내 코를 보시오, 꼭 크리스마스 트리의 발간 양초 같지 않소? 코감기가 떠날 날이 없으니 정말 못해먹을 노릇이라오. 에에취! 어에취!"

할아버지의 재채기는 온 광장에 메아리가 되어 울렸습니다. 그 모습을 본 작은 마녀는 생각했습니다.

'할아버지를 도와줘야지. 잠깐만…….'

작은 마녀는 할아버지 몰래 마법의 주문을 외웠습니다.

"아직도 발가락 끝이 시리세요?"

"지금은 괜찮소. 코 끝도 시리지 않은 걸 보면 갑자기 추위가 좀 누그러진 것 같구려. 어떻게 된 거지?"

"제가 어떻게 알겠어요? 이젠 집으로 가야지."

"잘 가요, 고마웠어요!"

"천만에요, 뭘 그런 걸 가지고."

얼마 안 있어 사내아이 둘이 군밤을 사러 왔습니다. 그런데 할아버지가 장사를 시작한 이래 처음으로 손가락을 데지 않고 군밤을 꺼낼 수 있었습니다. 그리고 그 뒤로는 한 번도 데지 않게 되었답니다. 또한 발가락도, 코도 시리지 않게 되었으며 코감기도 씻은 듯이 나아 버렸다고 합니다.

1 제목과 관련된 것 떠올리기

답 __________

2 떠올린 것과 비교하기

답 __________

활동 15 학습 목표 읽고 상상하기

다음 학습 목표를 읽고 학습 내용에 관해 상상해 봅시다.

1 2차 방정식을 설명할 수 있다.

- 이 단원은 지식, 이해, 기능, 태도, 가치 중 무엇을 나타내는가?

답 ______________________________

- 이 단원에서 무엇을 배울 것인가?

답 ______________________________

- 단원에서 중요한 것은 무엇인가?

답 ______________________________

2 친절한 습관을 형성할 수 있다.

- 이 단원은 지식, 이해, 기능, 태도, 가치 중 무엇을 나타내는가?

답 ______________________________

- 이 단원에서 무엇을 배울 것인가?

답 ______________________________

- 단원에서 중요한 것은 무엇인가?

답 ______________________________

③ 가족 구성원의 명칭을 설명할 수 있다

• 이 단원은 지식, 이해, 기능, 태도, 가치 중 무엇을 나타내는가?

답 ______________________________

• 이 단원에서 무엇을 배울 것인가?

답 ______________________________

• 단원에서 중요한 것은 무엇인가?

답 ______________________________

④ 사탕을 만들 수 있다

• 이 단원은 지식, 이해, 기능, 태도, 가치 중 무엇을 나타내는가?

답 ______________________________

• 이 단원에서 무엇을 배울 것인가?

답 ______________________________

• 단원에서 중요한 것은 무엇인가?

답 ______________________________

활동 16 중요한 내용 파악하기

다음 글을 읽고 물음에 답해 보세요.

스스로 부른 죽음

짐과 톰은 어려서부터 이웃에서 살며 형제처럼 가깝게 지냈다. 성장해서 짐은 목수가 되어 가난하게 살고 톰은 큰 운수회사를 가진 부자가 되었다. 어느 날 톰이 찾아와 짐에게 이렇게 부탁했다.

"짐, 자네의 훌륭한 솜씨로 집을 한 채 지어 주게. 여기 설계도가 있으니 가장 좋은 재료를 쓰고 계산서는 언제든지 보내 주게."

톰은 설계도를 놓고 갔다. 짐은 일에 착수하였다. 처음에는 양심적으로 일을 했다. 그러나 점차 더 많은 이익을 차지하려는 욕심에서 좋은 자재 대신에 값싼 자재를 쓰고 목수도 서툰 사람을 써서 인건비를 절약하였다. 겉으로는 훌륭하게 보였지만 사실은 허술한 집을 지은 것이다. 집이 완성되었을 때 짐은 친구인 톰에게 열쇠와 2만 파운드의 계산서를 내놓았다. 톰은 수표를 써 주면서 말했다.

"열쇠를 잘 간직하게. 여기 소유 증서가 있네. 짐, 이 집은 내가 자네에게 주는 선물이니 아무쪼록 이 집에서 여생을 행복하게 지내기를 빌겠네."

목수인 짐은 자기 손으로 지은 새집에 들어가게 되었다. 겨울이 되자 벽에 습기가 차오르고, 벽 틈으로 바람이 스며들고, 지붕은 비가 새고, 창은 부서져 버렸다. 이런 집에서 여생을 보내야 할 것을 생각하니 막막했다. 처음부터 집을 튼튼히 잘 짓지 않은 것이 무척 후회가 되었다.

그리고 눈보라가 심하게 몰아치던 어느 날, 지붕이 무너져 내려 짐의 가족은 모두 목숨을 잃고 말았다.

1 중요한 내용에 밑줄을 그어 보자.

답

2 잘 모르는 단어를 찾아 뜻을 적어 보자.

답

3 이 글의 핵심 내용은 무엇인가?

답

활동 17 낯선 어휘 이해하기

다음 문장에서 밑줄 친 단어의 뜻을 찾아 적어 보세요.

문제만 제시하지 않고 대안도 제시할 줄 아는 습관을 기르자.	
자신감이 충만한 사람들은 자기 인생을 개척하고 성공으로 나아갈 수 있는 사람들이다.	
실제로는 게으르고 나태하면서 '무언가 큰일을 이룰 수 있겠지?'라고 생각하는 사람은 비전을 가진 사람이 아니라 망상에 사로잡혀 있는 사람이다.	
아담과 이브는 호기심 때문에 금단의 열매인 선악과를 따먹었다.	
막연한 기다림이 아니라 선견지명으로 배우면서 자신이 원하는 것을 얻기 위해 노력하였다는 것이다.	
시간의 흔적을 따라 사라져 가는 경우가 부지기수라는 사실을 알아야 한다.	
나는 어떤 시대 상황에서든 언제든 기회가 온다는 낙관과 희망을 믿는다.	
역경을 돌파하고 정면 승부할 수 있는 용기를 얻게 될 것이다.	
고난이 크면 반드시 그 고난 속에 큰 기회가 숨어 있음을 명심하라.	
성공한 사람들은 불행과 고통을 신념으로 정복한 사람들이다.	

활동 18 내용 요약하기

다음 글을 읽고 중요 내용만 요약해서 적어 보세요.

1 두바이는 원래 사막의 작은 촌락에 불과했지만 석유라는 기회로 산유국으로 바뀔 수 있었다. 두바이는 산유국에 만족하지 않고, 상상 속에서 볼 수 있는 세상을 만들기 위하여 다양한 꿈을 꾸었다. 남들이 꾸지 않았던 꿈을 꾸고 그 꿈을 실현하기 위해 두바이는 항상 준비하였다.

답 ______________________________

____

____

2 ○○호텔에는 방 청소를 담당하는 김영희라는 사람이 있었다. 많은 사람들은 그녀를 궂은일이나 하는 청소부라고 무시했지만 그녀는 자신의 일이 깨끗한 환경을 마련하여 손님들에게 기쁨을 주는 일이라고 생각하며 즐거워하였다.

답 ______________________________

____

____

3 미국에서 태어난 헬렌 켈러는 세상에 태어난 지 9개월 만에 큰 병을 앓아 시력을 잃었고, 귀는 들을 수 없으며, 입으로 말도 할 수 없는 장애인이 되었다. 그녀는 여러 장애를 가지고 있으면서도 하버드대학교를 졸업하였으며 저서까지 남겼다. 헬렌 켈

러는 자신의 불행에 좌절하지 않고 불가능을 극복하여 장애인들에게 성공의 상징으로 큰 힘과 용기를 주었다.

답 ______________________________

____

____

4 배가 고픈 사람도 배가 고프다는 표현을 해야 밥을 준다. 아픈 사람도 병원에 가야 주사를 맞을 수 있다. 좋은 직장에 취직하기 위해서는 그 직장에 맞는 조건을 갖추고 있어야 한다. 아무것도 하지 않으면서 저절로 주어지기만을 바란다면 아무런 일도 일어나지 않는다.

답 ______________________________

____

____

5 칭기즈칸은 세계를 움직인 가장 역사적인 인물로 꼽히고 있다. 그는 혹독한 역경을 딛고 일어서서 개방적이면서도 용기가 넘치는 지도력으로 세계를 지배하였으며, 그가 세운 세계 정벌 기록은 누구도 깨기 어려웠다. 칭기즈칸의 지도력에 대하여 관심을 가지는 사람들이 늘어가고 있다.

답 ______________________________

____

____

활동 19 주제 찾기

다음 글을 읽고 물음에 답해 보세요.

이순신의 어린 시절

이순신은 1545년 4월 28일, 축복받은 화창한 봄날에 서울의 남산 북쪽 기슭 건천동(지금의 인현동)의 이정이라는 한 선비의 집에 네 형제 중 셋째 아들로 태어났다.

이순신의 증조할아버지는 병조 참의와 사헌부 장령을 지냈고, 할아버지 역시 평시서 봉사 벼슬을 지냈다. 그러나 할아버지가 벼슬을 지내던 무렵, 나라에서는 당파 싸움으로 기묘사화가 일어나 조광조를 비롯한 많은 충신이 억울하게 죽거나 벼슬을 빼앗기게 되었다. 이순신의 할아버지도 옳은 일을 하려다 오히려 누명을 쓰고 벼슬을 그만두게 되었다.

아버지 이정은 자신의 아버지가 억울한 삶을 산 것을 보고 벼슬에 대한 욕심을 버리고 동네 아이들을 가르치는 훈장이 되었다. 그 때문에 생활이 넉넉하지는 않았지만 자식 교육에는 소홀함이 없었다.

이순신의 어머니는 평소에는 매우 다정하고 자애로우신 분이었으나, 아이들의 교육만은 엄격하게 시키셨다. 특히, 아들에게는 늘 남자다움을 잃지 말라고 가르치셨다. "사내란 목이 달아나도 제 입으로 한 말은 지켜야 하며, 또한 나라를 위한 일이라면 온 집안의 목숨이 위태롭더라도 해야 한다. 그러지 않고서는 큰일을 이루지 못한다."고 늘 말씀하셨다.

이순신은 어머니의 가르침대로 어릴 때부터 용기 있는 아이로 성장하였다. 평생 어머니의 가르침을 따르려고 노력하였다. 그래서 집단일보다는 국가를 먼저 생각하게 되었고, 모든 일에 용기를 낼 수 있었다. 또한 이순신은 자라면서 고구려의 명장인 을지문덕 장군을 비롯하여 고려 때의 강감찬 장군, 그리고 수군을 강하게 길러 바다에서

왜구를 막아야 한다고 주장한 최영 장군 등 이름난 장수들에 대한 위대하고 용감했던 이야기를 읽고 큰 감명을 받아 그들처럼 용감한 장수가 되겠다고 다짐했다.

1 1문단 요약하기

답 ________________

____

2 2문단 요약하기

답 ________________

____

3 3문단 요약하기

답 ________________

____

4 4문단 요약하기

답 ________________

____

5 5문단 요약하기

답 ________________

____

활동 20 알고 있는 지식과 경험 떠올리기

다음 글을 읽고 물음에 답해 보세요.

자주적인 사람

남이 시켜서 하는 일은 즐겁지 않고 짜증이 날 수 있지만 스스로 찾아서 하는 일은 즐겁고 무엇보다 정성 들여 하기 때문에 결과가 좋다. 따라서 일을 즐겁게 잘하려면 스스로 찾아서 해야 한다.

스스로 생각하고 행동하며 살아가는 사람을 자주적인 사람이라고 한다. 자주적인 사람은 다른 사람의 생각이나 판단에 무조건 따르지 않고 해야 할 일과 하지 말아야 할 일을 스스로 판단하고 결정한다. 이들은 스스로 일을 찾아서 하기 때문에 어디서나 칭찬을 듣는다. 청소도 스스로 찾아 하며 숙제나 공부도 스스로 계획을 세워서 한다.

하지만 자주적이지 못한 사람은 해야 할 일을 미루거나 일을 시작했더라도 끝까지 해내지 못해 눈총을 받는다. 스스로 하는 습관은 학년이 높아진다고 해서 저절로 생기는 것이 아니다. 그것은 자신의 노력과 실천으로 만들어진다.

자주적인 사람이 되기 위해서는 우선 생활 계획표를 세워 그 계획에 따라 실천하는 것이 중요하다. 그리고 해야 할 일과 하지 말아야 할 일을 스스로 판단하고, 해야 할 일에 대해서는 미루지 않도록 노력해야 한다.

1 이 글과 관련하여 예전부터 알고 있던 것을 모두 적어 보자.

답 ____

2 이 글과 관련하여 경험한 것을 모두 적어 보자.

답 ____

활동 21 글쓴이의 의도 파악하기

다음 글을 읽고 글쓴이가 말하고자 하는 내용이 무엇인지 찾아보세요.

일사병 예방

땡볕이 내려 쬐는 운동장이나 놀이터에서 오랫동안 놀다 보면 건강을 해칠 수 있다. 땡볕에서는 30분 이상 놀지 않는 것이 좋은데, 한낮에는 밖에서 노는 것을 피하고 아침이나 저녁 무렵에 운동장에 나가는 것이 적당하며 많은 체력을 소모하는 과격한 운동은 피한다.

땡볕에서 놀다가 머리가 아프고 속이 메슥거리며 구토 증상이 나타나면 일사병일 가능성이 높다. 땀을 많이 흘려 몸의 수분이 부족해져서 생기는 일시적 현상으로 충분한 휴식과 함께 소금물을 조금씩 먹어 두면 일사병을 막을 수 있다.

물놀이를 할 때도 '햇볕'을 주의해야 한다. 해변이나 풀장 주위의 햇볕은 모래나 물에 반사되기 때문에 자외선이 매우 강하다. 따라서 자외선 차단제를 반드시 발라야 한다. 강렬한 햇볕에 오래 노출되면 피부가 붉게 타면서 화상을 입고 물집도 생길 수 있기 때문이다.

햇빛은 물 속으로도 투과되기 때문에 물 속에서도 조심해야 하며 피부가 탔을 때는 얼음찜질을 해 준다. 눈을 보호하기 위해서는 자외선 차단이 잘 되는 선글라스를 착용하는 것이 효과적이다. 장난감 선글라스 등은 오히려 눈에 손상이 갈 수 있으므로 쓰지 않는 것보다 못하다.

아이들은 어른보다 탈수 증세의 위험이 훨씬 높다. 따라서 물보다 이온 음료로 수분을 보충해 주어야 한다. 탄산 음료인 콜라 등으로 수분을 보충하려는 것은 오히려 탈수 증세를 조장하는 일이다.

샤워를 할 때도 찬물보다는 미지근한 물이 좋고 샤워 후에는 물기를 완전히 닦아내지 말고 적당히 물기를 남겨 증발하면서 몸의 열이 낮다지도록 한다.

활동 22 적절한 상황에 연관시키기

다음 글을 읽고 물음에 답해 보세요.

조상들의 유물과 유적

우리는 조상들이 남긴 유물과 유적을 흔히 볼 수 있다. 조상들의 유물과 유적을 보면 그들의 지혜와 생활 모습을 짐작해 볼 수 있다.

유적으로는 조상들이 남긴 건물이나 탑, 성터 등을 들 수 있다. 건물이나 탑 등을 보면 옛날의 건축생활 모습을 엿볼 수 있고, 성터를 보면 우리 조상들은 적을 막기 위해 어떤 지혜와 방법을 이용하였는지 알 수 있다.

유물을 통해서도 조상들의 생각과 생활 모습을 짐작할 수 있다. 조상들이 사용했던 농기구를 보고 옛날 농경생활 모습이 어떠하였는지 엿볼 수 있고, 수저나 그릇 등을 통해 식생활 모습을 짐작해 볼 수 있다.

1. 당시에 성을 쌓아야 했던 이유는?

답 ______________________________

____

2. 어떻게 쌓았을까?

답 ______________________________

____

3 농기구는 어떤 것들을 사용했을까?

답

4 농기구를 어떻게 사용했을까?

답

5 조상들의 수저나 그릇을 보고 어떤 식생활을 짐작할 수 있을까?

답

활동 23 주인공이 되어 생각하기

다음 글을 읽고 물음에 답해 보세요.

효심 깊은 호랑이

옛날 어느 마을에 마음씨 착한 젊은이가 산에 나무를 하러 갔다가 아주 무서운 호랑이를 만났어요. 젊은이는 겁에 질려 무서워하다가, 꾀를 내어 호랑이 앞에 덥석 엎드리고는 아주 반가운 목소리로 말했어요.

"아이구, 형님! 이제야 만나게 되는군요. 그동안 산 속에서 얼마나 고생하셨어요?"

젊은이는 너무나 반가운 표정으로 호랑이 앞발을 덥석 잡으려고 했어요.

"나보고 형님이라고? 그런다고 내가 너를 놓아 줄 것 같으냐?"

호랑이는 "어흥, 어흐응." 하고 산이 울리도록 소리쳤어요.

하지만 젊은이는 용기를 더욱 내어,

"형님! 이 깊은 산 속에 형님이 계시다는 걸 어머니께 들었어요. 하지만 어디 계신지 알 수가 있어야죠."

"야, 이놈아! 너는 사람이고 나는 호랑이인데, 내가 어찌 너의 형님이 된단 말이냐?"

"형님! 어머니께서 형님이 그렇게 생각할지 모른다고 하시면서 형님 이야기를 해 주었죠. 형님은 아주 어릴 때 산 속으로 들어가서는 집으로 돌아오지 못하고 울고 있었는데, 어느 날 어머니 꿈 속에서 형님이 호랑이가 되어서 돌아오지 못하고 울고 있는 걸 보았답니다. 그래서 어머니는 산 속에 가서 호랑이를 만나거든 형님이라 부르고 어머니 이야기를 꼭 전하라고 하셨어요."

젊은이는 슬픈 듯 눈물을 뚝뚝 흘리며 말했어요. 호랑이도 젊은이를 한참 보다가 불쌍한 생각이 들었어요.

"네가 내 동생이라니 반갑기는 하다만, 난 호랑이의 탈을 썼으니 마을로 갈 수도 없고……. 네가 어머니를 잘 모시도록 해라."

"형님! 어머님을 뵈러 가셔야죠? 어머님이 얼마나 형님을 만나고 싶어 하시는데요."

"나도 어머님을 뵙고 싶은 마음 간절하지만, 어찌 이 몸으로 될 말이냐? 내가 한 달에 두 번씩 고기를 갖다 줄 테니 어머님이 잡수시도록 해 드려라."

젊은이는 호랑이와 헤어져 무사히 집으로 돌아오게 되었어요.

그러던 어느 날 젊은이는 산돼지 한 마리를 마당에서 발견하고는 깜짝 놀랐어요. 그것은 호랑이가 어머니를 위해 놓고 간 것이었어요. 그 후에도 호랑이는 꼬박꼬박 산돼지를 집 마당에 놓고 갔어요. 그런데 1년이 지난 어느 날, 젊은이의 어머니는 병으로 자리에 눕게 되어 시름시름 앓다가 그만 돌아가시고 말았어요. 그런데 이상한 일이었어요. 호랑이도 어머니가 돌아가신 걸 알았는지 더 이상 산돼지를 집 마당에 갖다 놓지 않았어요.

어느 날 산에 나무를 하러간 젊은이는 새끼 호랑이 세 마리가 꼬리에 하얀 헝겊을 달고 있는 것을 보았어요. 젊은이가 새끼 호랑이에게 물었어요.

"하얀 헝겊을 왜 꼬리에 매달고 있느냐?"

새끼 호랑이가 대답했어요.

"우리 할머니도 당신처럼 사람이었대요. 그런데 할머니가 살아계실 때 우리 아버지가 한 달에 두 번씩 꼬박꼬박 산돼지를 잡아다가 할머니한테 갔다 드렸는데, 얼마 전에 할머니가 돌아가셔서 우리 아버지는 아무것도 잡수시지 않고 굴 속에서 할머니를 부르다가 그만 병이 나서 돌아가시고 말았어요. 그래서 우리 꼬리에 하얀 헝겊을 단 거예요."

젊은이는 새끼 호랑이의 말을 듣고 호랑이의 지극한 효성에 감복하여 눈물이 났어요. 그래서 젊은이는 효심 깊은 호랑이의 고마움을 생각해서 굴 속에서 죽은 호랑이를 양지 바른 곳에 잘 묻어 주었지요. 젊은이는

"너희들은 무럭무럭 잘 자라서 하늘나라에 계신 아버지의 마음을 즐겁게 해 드려라."

하고는 새끼 호랑이의 머리를 쓰다듬어 주고 산길을 내려왔어요.

1 젊은이와 호랑이의 성격을 말해 보자.

젊은이

호랑이

2 내가 만약 젊은이와 호랑이의 입장에 놓인다면 어떻게 했을까?

젊은이

호랑이

활동 24 나라면 어떻게 할까?

다음 글을 읽고 청개구리가 왜 그런 행동을 했는지 생각해 보고, 내가 청개구리였다면 어떻게 했을지 적어 보세요.

청개구리의 후회

옛날에 청개구리와 청개구리 어머니가 살았습니다. 청개구리는 어머니의 말을 늘 반대로 하는 개구리였죠. 어느 날 어머니가 병이 나서 돌아가셨습니다. 돌아가시기 전에 어머니는 유언을 남기셨습니다.

"얘야, 내가 죽거든 개울가에 묻어다오."

어머니는 이번에도 청개구리가 반대로 개울가가 아닌 다른 곳에 묻을 거라 생각했습니다. 하지만 어머니의 말에 반대로만 한 것을 후회한 청개구리는 어머니의 마지막 유언을 따르기 위해 개울가에 어머니를 묻었습니다. 그런데 어머니를 묻고 나서 어느 날 비가 내렸습니다. 청개구리는 비가 내려 개울가에 있는 어머니의 무덤이 쓸려 내려가지 않을까 걱정하였습니다. 하지만 되돌리기에는 이미 너무 늦었지요. 그 후 청개구리는 비만 오면 어머니 무덤가에서 지난날을 후회하며 눈물을 흘린다고 합니다.

1 스스로 문제를 만들어 답해 보자.

스스로 문제 만들기 1 ______________________

스스로 문제 만들기 2

2 나라면 어떻게 했을까?

활동 25 모르는 단어 명확하게 이해하기

다음 글을 읽고 모르는 단어가 나오면 직접 찾아서 정확한 의미를 적어 보세요.

이상한 풀잎

옛날에 약초를 캐며 살아가는 박 서방이라는 홀아비가 있었습니다.

어느 해 여름 한 달 동안이나 계속되던 비가 그쳐 박 서방은 오랜만에 산으로 약초를 캐러 갔습니다. 개울을 건너던 박 서방은 나무토막이 물살에 떠밀려 내려오는 것을 보았습니다. 그런데 그 나무토막에 어린아이가 매달려 있는 것이 아니겠어요. 박 서방은 개울로 뛰어들어 그 아이를 구해 주었습니다. 그리고 뒤이어 떠내려오는 토끼와 뱀도 건져 주었습니다.

"너의 집이 어디니? 내가 데려다 주마."

박 서방이 묻자 이 아이는 겁먹은 얼굴로 대답했습니다.

"집이 떠내려가 버렸어요."

"아버지와 어머니는?"

"집과 함께 떠내려가 버렸어요."

"쯧쯧, 안됐구나."

박 서방은 고아가 된 아이를 불쌍히 여겨 양아들로 삼았습니다.

아이의 이름은 훈돌이였는데 인정 많고 마음씨 착한 박 서방은 훈돌이를 친아들처럼 길렀습니다. 그런데 훈돌이는 공부하라면 낮잠만 자고 밖에 나가면 동네 아이들과 싸우는 것이 일이었습니다.

어느덧 10년이라는 세월이 흘러 훈돌이가 열일곱 살이 되었습니다. 훈돌이는 양아버지인 박 서방에게 매일 돈을 달라고 졸랐습니다. 돈을 주면 그것을 가지고 노름판에서 노름을 하거나 술을 마셨습니다.

하루는 박 서방이 깊은 산에서 약초를 캐고 있는데 토끼 한 마리가 나타나 박 서방에게 엎드려 절을 하였습니다. 그 토끼는 박 서방이 10년 전에 구해 준 바로 그 토끼였습니다. 토끼는 박 서방에게 따라오라고 손짓을 하더니 깡충깡충 앞서 갔습니다. 박 서방은 까닭도 모른 채 토끼를 따라갔습니다.

—중략—

박 서방이 탄식을 하는데 뱀이 풀잎을 물고 스르르 기어 왔습니다. 박 서방이 그 풀잎을 상처에 문지르니 다리가 전처럼 아무렇지도 않게 되었습니다.

"그 참 희한한 일이군."

박 서방은 그 풀잎을 품 안에 잘 간직했습니다.

이튿날 원님의 딸이 뱀에게 팔을 물려 온 고을이 난리가 났습니다. 의원도 손을 쓸 수 없다고 하였습니다. 원님의 딸은 너무나 아파서 비명을 질러댔습니다. 딸의 어머니인 마님은 기도를 올렸습니다. 하인들과 감옥을 지키는 포졸까지 안타까워했습니다. 그때 박 서방이 그 풀잎을 이용해 원님 딸의 팔을 고쳤습니다. 원님과 마님은 좋아서 입이 함지박만 해졌습니다.

"박 서방, 후하게 사례를 하겠네. 그런데 자네는 그 신기한 풀잎을 어디서 구했는가?"

박 서방은 원님에게 10년 전 훈돌이와 토끼와 뱀을 구한 이야기를 들려주었습니다. 이야기를 들은 원님은 훈돌이를 불러 벌하려고 하였습니다.

"여봐라, 저 놈을 곤장으로 매우 쳐라."

그러자 박 서방이 이를 말렸습니다.

"제게 사례를 하는 대신 훈돌이의 죄를 용서해 주십시오."

훈돌이는 박 서방의 애원으로 곤장을 맞지 않았습니다.

"아버지, 제가 나빴어요."

훈돌이는 자신의 잘못을 뉘우치고 착한 사람이 되었습니다.

- 약초 ______________________
- 홀아비 ______________________
- 개울 ______________________
- 양아들 ______________________
- 노름 ______________________
- 곤장 ______________________

활동 26 궁금한 것에 대해 스스로 질문하고 답해 보기

다음 글을 읽고 물음에 답해 보세요.

아낌없이 주는 나무

나무 한 그루가 있었습니다. 그 나무에게 놀러 오는 귀여운 소년이 있었습니다. 소년은 매일 나뭇가지에 매달려 놀기도 하고, 열매를 따먹기도 했습니다. 또, 친구들과 함께 술래잡기도 하고, 나무 그늘에서 낮잠도 잤습니다. 소년은 나무를 사랑했고, 나무도 행복했습니다.

어느덧 소년은 자라 청년이 되었습니다. 청년에게는 다른 친구가 생겼습니다. 그래서 나무는 때때로 고독했습니다.

세월이 흘러, 그는 어른이 되었습니다. 그는 나무를 찾아와 밑동만 남겨 놓고 베어 갔습니다. 그래도 나무는 소년을 볼 수 있어 행복했습니다.

그는 노인이 되어 나무를 다시 찾아왔습니다. 나무가 말했습니다.

"너에게 줄 거라고는 이제 아무것도 없어. 나는 밑동만 남았거든."

나무의 말에 노인은 "나는 아무것도 필요하지 않아. 그저 앉아서 편히 쉴 곳이 있으면 좋겠어."라고 했습니다.

"앉아서 쉬기에는 늙은 나무 밑동이 최고지. 자, 이리 와서 앉아."

노인은 나무가 시키는 대로 했습니다.

나무는 너무나 행복했습니다.

1 나무는 소년에게 자신의 어떤 것을 주었나?

답 ____________________

____

2 왜 그런 것을 해 주었을까?

답 ____________________

____

3 그럼 소년은 나무에게 무엇을 해 주었을까?

답 ____________________

____

4 나무는 어떤 후회를 했을까?

답 ____________________

____

5 우리 주변에 '아낌없이 주는 나무'와 같은 사람이 누가 있을까?

답 ____________________

____

6 글을 읽고 배울 점은 무엇인가?

답 ____________________

____

활동 27 원인과 결과 성각하기

다음 만화를 보고 내용을 완성해 보세요.

①

②

③

④

⑤

⑥

⑦

부록 학년별 권장도서 목록

1학년

번호	도서명	출판사	번호	도서명	출판사
1	바빠요 바빠	보리	26	마법 침대	시공주니어
2	선생님이랑 결혼할래요	청솔	27	점	문학동네어린이
3	갈치 사이소	보리	28	느긋한 돼지와 잔소리꾼 토끼	시공주니어
4	난 생쥐가 아니야	김영사	29	까치옷	가교
5	당나귀 공주	베틀북	30	주머니 없는 캥거루 케이티	비룡소
6	방귀 만세	아이세움	31	도서관	시공주니어
7	비눗방울을 탄 임금님	한림	32	구름빵	한솔수북
8	오른발 왼발	비룡소	33	거미와 파리	열린어린이
9	해님에게 이름을	교학사	34	푸른 개	파랑새
10	각시붕어가 이상해졌어요	여명	35	이상한 자연사 박물관	미래M&B
11	개미가 날아올랐어	다섯수레	36	누가 누굴 먹는 거야	함께읽는책
12	아주 특별한 자전거	자유지성사	37	안경 끼고 랄랄라	시공주니어
13	아빠하고 나하고	도깨비	38	네가 달팽이니?	다섯수레
14	감기 걸린 날	보림	39	네가 메뚜기니?	다섯수레
15	고양이	길벗어린이	40	마들렌카	베틀북
16	넉 점 반	창비	41	하얀 눈썹 호랑이	한솔수북
17	산골 총각	너른들	42	사내 대장부	비룡소
18	엄마 난 이 옷이 좋아요	재미마주	43	상상하는 책	웅진씽크빅
19	영이의 비닐우산	창비	44	파란 시간을 아세요?	베틀북
20	왕치와 소새와 개미	다림	45	고무신 기차	언어세상
21	꼬마 구름 파랑이	비룡소	46	지하철을 타고서	길벗어린이
22	마티유의 까만색 세상	어린이작가정신	47	틀려도 괜찮아	토토북
23	땅 속 나라 도둑 괴물	보림	48	중요한 사실	보림
24	여우누이	보림	49	우리 가족입니다	보림
25	붕어빵 한 개	푸른숲	50	로쿠베, 조금만 기다려	양철북

2학년

번호	도서명	출판사	번호	도서명	출판사
1	이야기 이야기	보림	26	터널	논장
2	톡톡 할아버지	우리교육	27	행복한 미술관	웅진닷컴
3	감자를 먹으며	낮은산	28	느끼는 대로	문학동네어린이
4	15분짜리 형	문공사	29	한눈이 퉁눈이	상
5	공짜로 떠난 바다 여행	자유지성사	30	당나귀 실베스터와 요술조약돌	다산
6	과수원 집 아이	자유지성사	31	우리집에 온 파도	이상의 날개
7	그래도 나는 누나가 좋아	소년한길	32	눈 다래끼 팔아요	언어세상
8	나도 방을 갖고 싶어요	푸른책들	33	오른쪽이와 동네 한 바퀴	느림보
9	내 이름은 열두 개	푸른책들	34	샌지와 빵집 주인	비룡소
10	내 친구 파리지옥	느림보	35	위층 할머니, 아래층 할머니	비룡소
11	두두리 나라 임금님	여명출판사	36	아빠는 내 눈에만 보여요	교학사
12	따뜻한 팬티	시공주니어	37	개가 되고 싶지 않은 개	북하우스
13	석류나무 집 아이	자유지성사	38	삽살개 아버지 하지홍	청어람미디어
14	아리수의 오리	마루벌	39	미미 안에 또 다른 미미	문원
15	아빠하고 나하고	도깨비	40	똥 자 들어간 벌레들아	푸른책들
16	아주 특별한 자전거	자유지성사	41	길아저씨, 손아저씨	국민서관
17	옆집에는 누가 살고 있을까	소년한길	42	고슴도치 아이	보림
18	웃음총	효리원	43	우산속	아동문예사
19	지워지지 않는 낙서	교학사	44	달을 줄 걸 그랬어	달리
20	금붕어 두 마리와 아빠를 바꾼 날	소금창고	45	강아지 우산 나와라	푸른책들
21	큰 고추 작은 고추	비룡소	46	똑딱 똑딱	그린북
22	알로 알로 내짝꿍 민들레	비룡소	47	참새네 칠판	아가서
23	너랑 나랑 뭐가 다르지?	비룡소	48	미술관에 핀 해바라기	크레용하우스
24	더 크기 전에 꼭 한 번	베틀북	49	피바디 선생님의 사과	문학과지성사
25	별이 된 일곱 쌍둥이	대교출판	50	하나라도 백 개인 사과	문학동네

3학년

번호	도서명	출판사	번호	도서명	출판사
1	감자를 먹으며	낮은산	6	곤충의 비밀	예림당
2	늑대왕 핫산	낮은산	7	길모퉁이의 짐할아버지	유진
3	비릴로의 동물농장	서광사	8	매듭을 묶으며	사계절
4	깨비 깨비 참 도깨비	산하	9	아프리카 동화	서광사
5	엄마 마중	보리	10	쩌우 까우 이야기	창비

11	꿈꾸는 뇌	아이세움	31	아툭	보물창고
12	공룡을 사랑한 할아버지	문학동네어린이	32	스티킨	바다어린이
13	일기장에게 쓴 편지	크레용하우스	33	아주 작은 개 치키티토	시공주니어
14	짱뚱이의 나의 살던 고향은	파랑새	34	콩알만 한 작은 개	논장
15	나와 악기박물관	미래M&B	35	떠돌이 개	작은책방
16	노래 주머니	우리교육	36	우리는 지금 벌 받는 중	문원
17	미술과 색	동산사	37	마법의 숫자들	비룡소
18	쌍동밤	숲속나라	38	길모퉁이 행운 돼지	다림
19	아씨방 일곱 동무	비룡소	39	내 마음의 수호천사	푸른나무
20	사과나무 위에 할머니	중앙출판사	40	엄마 나 마음이 아파요	청년사
21	사라, 버스를 타다	사계절	41	고구려의 아이	대교출판
22	신통방통 왕집중	문학동네어린이	42	가시내	사계절
23	아버지를 찾아서	창비	43	쌍둥이 빌딩 사이를 걸어간 남자	보물창고
24	다훈이의 비밀일기	영림커디널	44	늑대숲, 소쿠리숲, 도둑숲	논장
25	똥의 진실	파랑새어린이	45	아북거, 아북거	시공주니어
26	나는 주워온 아이인가봐	중앙출판사	46	나는 아프리카에 사는 기린이라고 합니다	푸른길
27	시인과 여우	보림	47	나는 고래곶에 사는 고래라고 합니다	푸른길
28	시인과 요술 조약돌	보림	48	빨간 기린	푸른길
29	탁탁톡톡 음매 젖소가 편지를 쓴대요	어린이 중앙	49	소원을 들어주는 선물	웅진
30	소년이 찾은 파랑	달리	50	우리집에 온 마고할미	바람의 아이들

4학년

번호	도서명	출판사	번호	도서명	출판사
1	거꾸로 가는 기차	예림당	11	짧은 동화 긴 생각	효리원
2	로라에게 생긴 일	교학사	12	이야기 손자병법	한국독서지도회
3	톨스토이 단편선	글송이	13	지구를 굴리는 쇠똥구리	문공사
4	장미마을의 초승달 빵집	한림	14	미안 미안해 반달곰아	영림커디널
5	이제는 알고 가자 우리 역사 오천년	꿈소담이	15	상상동화	대교
6	초등학생이 꼭 알아야 할 우리 대표 옛시조	예림당	16	세상에서 가장 아름다운 나의 마을	미래M&B
7	까마귀 물마시기	베틀북	17	슈퍼 암탉 치키	두산동아
8	록밴드 비틀즈의 작은 이야기	창조아이	18	도둑에게 고소당한 알리바바	아이세움
9	아기 도깨비와 오토제국	웅진	19	아빠가 ○○에게 주는 최고의 선물	화니북스
10	우리 엄마 최보임 씨	채우리	20	왕자와 매 맞는 아이	아이세움

21	나는 용감한 메테보리	아이세움	36	일곱 난쟁이의 쓱쓱싹싹 비빔밥 만들기	대교
22	리지 입은 지퍼 입	시공	37	북쪽 나라 여우 이야기	보림
23	음악은 어디에서 오는 걸까요	산하	38	그래서 행복해	대교
24	제임스와 슈퍼 복숭아(레벨 2020)	시공주니어	39	검은 고양이 네로	보물창고
25	춘악이	문학동네어린이	40	하늘을 나는 꿈	삼성당아이
26	엄마 따로, 아빠 따로	시공주니어	41	나는 입으로 걷는다	웅진
27	피타고라스 구출작전	김영사	42	돌아온 젖소 블라섬	황금부엉이
28	파란 막대, 파란 상자	사계절	43	단 한 번의 멍	황금부엉이
29	루이 브라이	다산	44	짱뚱이네집 똥 황토	파랑새어린이
30	민핀	시공주니어	45	장기려, 우리 곁에 살다간 성자	봄나무
31	유적 박물관(사진과 그림으로 보는 학습 박물관)	웅진	46	논리력을 키워주는 똑똑한 책 : 왼쪽 두뇌 계발편	해피북스
32	하늘 다람쥐의 숲	문학사상사	47	빙하, 거대한 과학의 나라	봄나무
33	즐거운 역사 체험, 어린이박물관	웅진씽크빅	48	WHY? 자연재해	예림당
34	버려진 동물들의 이야기	보림	49	WHY? 사춘기와 성	예림당
35	머피와 두칠	지식산업사	50	WHY? 질병	예림당

5학년

번호	도서명	출판사	번호	도서명	출판사
1	사자와 마녀와 옷장	시공주니어	16	우리 나라의 세시풍속	교학사
2	아름다운 가치사전	한울림어린이	17	열두 달 풍속 놀이	산하
3	엄마, 엄마	현암사	18	곰 아저씨의 딱새 육아일기	산하
4	아름다운 위인전	한겨레신문사	19	방송반 아이들	도깨비
5	세상 모든 화가들의 그림 이야기	꿈소담이	20	사토루의 2분	달리
6	너도 하늘말나리야	푸른책들	21	세계를 변화시킨 12명의 과학자	두산동아
7	이인식 선생님과 함께 미래과학의 세계로 떠나보자	두산동아	22	잃어버린 겨울방학	한길사
8	받은 편지함	우리교육	23	지구를 둥글게 만든 사람들	푸른숲
9	역사야 나오너라	푸른숲	24	흐린 후 차차 갬	비룡소
10	꿈꾸는 이슬	교학사	25	내 마음에 벽을 넘어	두산동아
11	진주조개	동쪽나라	26	버드나무에 부는 바람	시공주니어
12	괭이부리말 아이들	창비	27	맛있는 음악공부	청년사
13	얘들아 단오가자	생각의 나무	28	상어를 사랑한 인어공주	푸른책들
14	허풍선 남작의 모험	꼬마하늘소	29	주름쟁이 필레몬	랜덤하우스코리아
15	토끼도 저만큼 착한 풀을 뜯어 먹고 산다	산하	30	아빠 세상은 왜 옳지 못한가요	김영사

31	사슴과 사냥개	창비	41	똥싼 할머니	시공주니어
32	잃어버린 진실 한 조각	보물창고	42	밥상의 기사들	시공주니어
33	반갑다 논리야	사계절	43	진지한 씨와 유령 선생	시공주니어
34	구성애의 초딩 아우성 1	올리브M&B	44	재미가 솔솔 나는 우리 옛이야기	시공주니어
35	구성애의 초딩 아우성 2	올리브M&B	45	떨어진 한쪽 큰 동그라미를 만나	시공주니어
36	나는 무슨 씨앗일까	샘터사	46	스티킨	시공주니어
37	금자를 찾아서	보물창고	47	잘 먹고 잘 자라기	작은씨앗
38	우리들만의 전쟁	국민서관	48	맑은 날	사계절
39	바닐라 향기가 나는 편지	푸른숲	49	10일간의 보물찾기	창비
40	작별인사	시공주니어	50	어린 임금의 눈물	파랑새어린이

6학년

번호	도서명	출판사	번호	도서명	출판사
1	나라를 일깨운 남궁억 장로	평단문화사	26	책만 보는 바보	보림
2	반딧불이의 무덤	다우	27	랄슨 선생님 구하기	내 인생의 책
3	사진과 그림으로 보는 한국의 역사	웅진씽크빅	28	강화도의 서양 함대와 대원군	서강북스
4	강마을에 한 번 와 볼라요?	문학동네어린이	29	만화로 보는 박교수의 환경재난이야기	이화여자대학교출판부
5	소나기	다림	30	아빠가 들려주는 철학이야기	현암사
6	천문 항해의 비밀	사계절	31	학교가기 싫을 땐 이렇게 해봐	을파소
7	울지마 별이 뜨잖니	웅진닷컴	32	미노스	바람의 아이들
8	너도 하늘말나리야	푸른책들	33	하늘의 개척자 라이트 형제	비룡소
9	노빈손의 남극 어드벤처	뜨인돌	34	독도 하늘에 태극기 휘날리며	뜨인돌어린이
10	64의 비밀	바람의 아이들	35	플루토 비밀 결사대	비룡소
11	말을 해야 알지	문원	36	천둥아, 내 외침을 들어라	내인생의책
12	아로와 완전한 세계	바람의 아이들	37	대륙을 호령한 발해	어린이중앙
13	아빠를 위한 연주	아이세움	38	에밀리가 조금 특별한 이유	문학동네어린이
14	어린 임금의 눈물	파랑새 어린이	39	일기 도서관	사계절
15	어린이가 만날 10년 후 세상	녹색지팡이	40	창가의 토토	프로메테우스
16	엄마 아주 어렸을 적에	진선	41	나무	열린책들
17	여자 아이 클로딘	바람의 아이들	42	망치를 든 지질학자	가람기획
18	오늘을 만든 모든 것들	아이세움	43	바람이 불 때에	시공주니어
19	피터의 기묘한 몽상	아이세움	44	숙자언니	웅진씽크빅
20	페트병 속의 생물학	지성사	45	지도 밖으로 행군하라	푸른숲
21	땅콩박사	대한기독교서회	46	제주의 빛 김만덕	푸른숲
22	머리가 뻥 뚫리는 수학	웅진닷컴	47	바다를 품은 책 자산어보	아이세움
23	문제아에서 천재가 된 딥스	효리원	48	뚱보, 내인생	바람의 아이들
24	물음표가 느낌표에게	문학과 지성사	49	나 좀 내버려 둬	돌베개어린이
25	금이 간 거울	창비	50	꼬마작가 폼비의 악당이야기	비룡소

저 자 소 개

전도근(bangkok3@naver.com)

공주대학교 일반사회교육과를 졸업하고 경희대학교 교육대학원에서 교육공학을 공부하였으며, 홍익대학교에서 평생교육정책으로 박사학위를 받았다. 의정부고등학교와 의정부여자고등학교, 화수고등학교에서 16년간 교사로 학생들을 지도하였고, 강남대학교에서 5년간 강의하였다. 지금까지 교육, 컴퓨터, 요리, 자동차, 서비스 등과 관련된 50여 개의 자격증을 취득하였으며, 각 대학교, 지방자치단체, 교육청, 평생교육원, 국가전문행정연수원 및 각종 기업체 연수원 등에서 2,000여 회 이상 특강을 하였다. 제1회 평생학습대상 특별상을 수상하였고, SBS 〈순간 포착 세상에 이런 일이〉, KBS 〈한국 톱텐〉에 소개된 바 있다. 『엄마는 나의 코치』『공부하는 부모가 공부 잘하는 자녀를 만든다』『생산적 코칭』『명강사를 위한 명강의 전략』『자기주도적 공부습관을 길러 주는 학습코칭』 등을 비롯한 70여 권의 책을 집필하였다.

📖 한국자기주도학습코치협회(http://cafe.naver.com/forcev5.cafe)

자기주도적 학습전략 시리즈 [학생용 워크북]

5 공부의 달인이 되는 읽기 전략

2010년 4월 5일 1판 1쇄 발행
2013년 5월 20일 1판 2쇄 발행

지은이 • 전 도 근
펴낸이 • 김 진 환
펴낸곳 • (주) 학지사
121-837 서울시 마포구 서교동 352-29 마인드월드빌딩 5층
대표전화 • 02) 330-5114 팩스 • 02) 324-2345
등록번호 • 제313-2006-000265호

홈페이지 • http://www.hakjisa.co.kr
커뮤니티 • http://cafe.naver.com/hakjisa

ISBN 978-89-6330-326-0 04370
978-89-6330-321-5 (set)

정가 10,000원

저자와의 협약으로 인지는 생략합니다.
파본은 구입처에서 교환하여 드립니다.